BEI GRIN MACHT SICH IHR WISSEN BEZAHLT

AF149193

- Wir veröffentlichen Ihre Hausarbeit,
  Bachelor- und Masterarbeit

- Ihr eigenes eBook und Buch -
  weltweit in allen wichtigen Shops

- Verdienen Sie an jedem Verkauf

Jetzt bei www.GRIN.com hochladen
und kostenlos publizieren

Katrin Zulauf

Über Psalm 113 - Gottes Hoheit und Huld

GRIN Verlag

Bibliografische Information der Deutschen Nationalbibliothek:

Die Deutsche Bibliothek verzeichnet diese Publikation in der Deutschen National-
bibliografie; detaillierte bibliografische Daten sind im Internet über http://dnb.d-
nb.de/ abrufbar.

Dieses Werk sowie alle darin enthaltenen einzelnen Beiträge und Abbildungen
sind urheberrechtlich geschützt. Jede Verwertung, die nicht ausdrücklich vom
Urheberrechtsschutz zugelassen ist, bedarf der vorherigen Zustimmung des Verla-
ges. Das gilt insbesondere für Vervielfältigungen, Bearbeitungen, Übersetzungen,
Mikroverfilmungen, Auswertungen durch Datenbanken und für die Einspeicherung
und Verarbeitung in elektronische Systeme. Alle Rechte, auch die des auszugsweisen
Nachdrucks, der fotomechanischen Wiedergabe (einschließlich Mikrokopie) sowie
der Auswertung durch Datenbanken oder ähnliche Einrichtungen, vorbehalten.

Impressum:

Copyright © 2007 GRIN Verlag GmbH
Druck und Bindung: Books on Demand GmbH, Norderstedt Germany
ISBN: 978-3-640-12712-2

GRIN - Your knowledge has value

Der GRIN Verlag publiziert seit 1998 wissenschaftliche Arbeiten von Studenten, Hochschullehrern und anderen Akademikern als eBook und gedrucktes Buch. Die Verlagswebsite www.grin.com ist die ideale Plattform zur Veröffentlichung von Hausarbeiten, Abschlussarbeiten, wissenschaftlichen Aufsätzen, Dissertationen und Fachbüchern.

Besuchen Sie uns im Internet:

http://www.grin.com/

http://www.facebook.com/grincom

http://www.twitter.com/grin_com

Inhalt

1. Bibeltext Psalm 113

1 Halleluja! Lobet, ihr Knechte des HERRN, lobet den Namen des HERRN!

2 Gelobt sei der Name des HERRN von nun an bis in Ewigkeit!

3 Vom Aufgang der Sonne bis zu ihrem Niedergang sei gelobet der Name des HERRN!

4 Der HERR ist hoch über alle Völker; seine Herrlichkeit reicht, so weit der Himmel ist.

5 Wer ist wie der HERR, unser Gott, im Himmel und auf Erden?

6 Der oben thront in der Höhe, der herniederschaut in die Tiefe,

7 der den Geringen aufrichtet aus dem Staube und erhöht den Armen aus dem Schmutz,

8 dass er ihn setze neben die Fürsten, neben die Fürsten seines Volkes;

9 der die Unfruchtbare im Hause zu Ehren bringt, dass sie eine fröhliche Kindermutter

wird. Halleluja!

Lutherübersetzung

2. Allgemeine Einführung

Diese Ausarbeitung beschäftigt sich mit Psalm 113 und den Fragen, die er aufwirft. Psalmen sind poetisch wie inhaltlich sehr ausgefeilte Texte, die mehr verbergen, als es auf den ersten Blick scheint. So war ich der Annahme, dass Psalm 113 nicht viele Geheimnisse birgt, bin jedoch bei meiner Arbeit daran während des Seminars und meiner vorliegenden Ausarbeitung eines besseren belehrt worden. Die Arbeit am Psalm hat mir sehr viel Spaß gemacht und mich ermutigt, auch in meinem späteren Unterricht Psalmen zu verwenden. Meine Erkenntnisse zu Psalm 113 werden auf den folgenden Seiten entfaltet.

Da ich leider die hebräische Sprache nicht beherrsche, konnte ich mir keine eigene Übersetzung anfertigen. Die vorliegende Übersetzung stammt aus der revidierten *Lutherübersetzung* von 1984. Grundsätzlich gefällt mir die Übersetzung *Hoffnung für alle* besser, sie wird aber leider an der Universität als zu unwissenschaftlich und vorinterpretiert angesehen. Für eine Verwendung in der Schule oder Ähnlichem würde ich dennoch auf diese Übersetzung zurückgreifen, weil sie angenehm frisch und schöner zu lesen ist. Für meine Ausarbeitung schien mir die Lutherübersetzung am besten geeignet, da ich gerne damit arbeite und wir sie als Gruppe auch bei unserer Vorarbeit verwendet haben.

Meine Arbeit wird nun mit einer Einordnung des Psalms in das Psalmenbuch beginnen. Danach folgen die Bestimmung der Gattung und eine Strukturanalyse des Psalms. Im Anschluss werde ich die besonderen Merkmale von Psalm 113 herausarbeiten und einige Kommentare zum gesellschaftlichen Kontext, den Quellen und einer zeitlichen Datierung des Psalms machen. Bevor ich mit einem Fazit abschließe, soll es noch einmal um das Thema der Kinderlosigkeit gehen.

3. Einordnung in das Buch der Psalmen

Das Buch der Psalmen stellt im Alten Testament eine Zusammenstellung von 150 poetischen Texten dar, die unterschiedliche Herkünfte und Gattungen haben.[1] Mit der Gattungsfrage werde ich mich im nächsten Teil befassen. Zunächst soll in diesem Teil geklärt werden, wo Psalm 113 in dieser Textzusammenstellung angesiedelt werden kann.

Das Psalmenbuch ist zwar eine Auswahl von 150 Einzeltexten, kann aber dennoch nicht nur als zufällige Aneinanderreihung von Einzelgebeten, die beziehungslos nebeneinander stehen, angesehen werden. Es wird von einer gezielten Buchkomposition ausgegangen. Psalm 113 gehört innerhalb dieser Komposition dem Pesach-Hallel an, der die Psalme 113 bis 118 umfasst und er ist damit der erste Psalm im Pesach-Hallel.[2] Zusätzlich ist das Psalmenbuch auch in größere Abschnitte, nämlich fünf Bücher, gegliedert. Der hier zu behandelnde Psalm steht im fünften und letzten Buch, das mit Psalm 107 beginnt und mit dem letzten Psalm des Psalmenbuchs (Psalm 150) abschließt. Es gibt allerdings auch Spekulationen darüber, ob nicht Psalm 145 schon den Abschluss des fünften Buchs darstellt und die folgenden Psalmen 146-150 das Finale sowohl des fünften Buches als auch des gesamten Buchs der Psalmen darstellen.[3]

---

[1] Vgl. Zenger: Einleitung in das AT, 349.
[2] Vgl. Zenger: Einleitung in das AT, 351ff.
[3] Vgl. Zenger: Einleitung in das AT, 355f.

4.   Gattung und Aufbau des Psalms

Der Psalm trägt in der Lutherbibel den Titel „Gottes Hoheit und Huld". Diese Überschrift deutet schon an, welcher der sieben Psalmgattungen Psalm 113 angehört. Die Gattung eines Psalms „bestimmt den Aufbau [...], das Inventar seiner Motive und seine theologische Intention".[4] Nicht alle Psalmen sind eindeutig einer Gattung zuzuordnen, weil sie meist eine Mischung aus Originalität und Konventionalität darstellen. Psalm 113 ist jedoch idealtypisch für seine Gattung. Er gehört den Hymnen/Lobpsalmen an und folgt daher idealtypisch dem Muster, dass zunächst eine Aufforderung zum Lob Gottes erscheint, auf die danach die Begründung und Durchführung des Lobpreises folgt. [5]

Am vorliegenden Psalm kann man den Aufbau gut rekonstruieren. Er setzt in Vers 1 mit einem imperativisch formulierten Aufruf zum Loben ein. Die ersten vier Verse tragen dabei alle Merkmale einer Einführung, wie sie im Hymnus üblich ist. Im fünften Vers wird eine rhetorische Frage gestellt („Wer ist wie der HERR, unser Gott, im Himmel und auf Erden?"), die ebenfalls als charakteristisch für einen Hymnus, speziell sein Mittelstück, anzusehen ist. Darauf folgen von Vers 5b-9 im hebräischen Text mehrere Partizipien. [6]

Die Frage danach, ob der Psalm in zwei oder drei Strophen einzuteilen sei, ist sehr umstritten. Viele Wissenschaftler plädieren dafür, dass der Psalm aus den drei Strophen Vers 1-3, Vers 4-6 und Vers 7-9 besteht. Andere bevorzugen die Einteilung in die zwei Strophen Vers 1-4 und Vers 5-9. [7] Ich würde mich hierbei einer zweiteiligen Form anschließen, jedoch mit einer anderen Verteilung. Ich denke, dass die ersten drei Verse die Aufforderung zum Lob Gottes darstellen, während die folgenden Verse 4-9 die Begründungen dafür liefern, warum man Gott loben soll. Diese zweite Strophe kann zwar inhaltlich noch einmal untergliedert werden, aber ich halte es nicht für sinnvoll, es als eine dritte Strophe auszugeben. Prinsloo nennt dabei den ersten Teil der zweiten Strophe, der Vers 4-6 umfasst, *The Lord's nature* (*Das Wesen des Herrn*) und den zweiten Teil, der mit Vers 7 beginnt und Vers 9b schließt, *The Lord's deeds* (*Die Taten des Herrn*).[8] Dieser Einteilung schließe ich mich an.

---

[4] Zenger: Einleitung in das AT, 361.
[5] Vgl. Zenger: Einleitung in das AT, 361.
[6] Vgl. Kraus: Psalmen 60-150, 776.
[7] Vgl. Prinsloo: Yahweh and the poor in Psalm 113, 467.
[8] Prinsloo: Yahweh and the poor in Psalm 113, 474f.

Grundsätzlich gibt es zwei wesentliche Formen des Hymnus, den imperativischen und den partizipialen. Im vorliegenden Loblieb werden beide Formen harmonisch vereinigt.[9] Die eben genannten Bezeichnungen spielen auf den hebräischen Urtext an, in dem sich in Vers 1-3 Imperative befinden, was die imperativische Form meint und in Vers 6-9 Partizipien, die die partizipiale Ausdeutung sinnvoll erscheinen lassen. Psalm 113 ist also klar eine Mischform der Beiden.

5. Besondere Merkmale des Psalms

Psalm 113 weist mehrere stilistische und sprachliche Merkmale auf, die der Erwähnung bedürfen. Der Psalm beginnt und schließt mit dem Wort *Hallelujah* („Preiset Jahwe"), das damit als Rahmen bzw. Doxologie von Psalm 113 bezeichnet werden kann. Dieses erste und letzte Wort trägt einen besonderen Akzent, das Gewicht der Aussage liegt also auf Anfang und Ende.[10]

Wenn man einen Psalm auf seine unverwechselbaren Merkmale untersucht ist es sinnvoll, nach einem Leitwort Ausschau zu halten, das „den Textzusammenhang beherrscht und der Auslegung als Schlüssel dienen kann."[11] Das Leitwort des vorliegenden Psalms ist *Loben*, das insgesamt viermal auftaucht. Es erscheint zwar im Grunde nur in den ersten drei Versen, spiegelt sich aber thematisch im kompletten Psalm wider.

Das wichtigste Merkmal, das bei der Analyse von Psalm 113 zu nennen ist, ist der *parallelismus membrorum*, der eine Grundform der Psalmenpoesie darstellt. Dabei sind normalerweise zwei oder drei direkt aufeinander folgende Verszeilen als eine Zweiergruppe, die poetisch zusammenhängt, konzipiert. Diese Verszeilen, die durch den Parallelismus zusammengeordnet werden, wollen demnach auch als eine Sinneinheit verstanden werden.[12] Psalm 113 beginnt gleich in den ersten drei Versen mit einem *parallelismus membrorum*. Das Thema Lob wird dabei von verschiedenen Seiten beleuchtet. Der erste Vers ist dabei als die Antwort darauf anzusehen, wer Gott loben soll, nämlich die „Knechte des Herrn". Im zweiten Vers wird eher die zeitliche Dimension betrachtet und es wird festgehalten, dass das Lob ab sofort bis in Ewigkeit andauern soll. Der dritte Vers, der wieder eine Aufforderung zum Lob Gottes beinhaltet,

---

[9] Vgl. Prinsloo: Yahweh and the poor in Psalm 113, 467.
[10] Vgl. Seybold: Die Psalmen, 58.
[11] Seybold: Die Psalmen, 58.
[12] Vgl. Zenger: Einleitung in das AT, 360.

kann meiner Meinung nach sowohl als lokale als auch zeitliche Dimension ausgedeutet werden. Der Aufgang und Niedergang der Sonne ist überall zu sehen und daher eine räumliche Allmacht, die Gottes Lob bedarf. Des Weiteren ist damit wohl aber auch gemeint, dass Gott zu loben eine ununterbrochene Tagesaufgabe darstellt.

Vers 4 stellt eine Metapher bzw. räumliche Szene dar. Die Worte „soweit der Himmel ist" deuten an, dass der Himmel endlos wie Gottes Herrlichkeit und damit nicht fassbar für die Menschen ist. Metaphern werden in der religiösen Rede gebraucht, „weil das Unaussagbare so sagbar wird."[13] Sie können also helfen, das Gefühlte zu veranschaulichen und auszudrücken.

Im 5. Vers wird eine rhetorische Frage gestellt („Wer ist wie der HERR, unser Gott, im Himmel und auf Erden?"), die impliziert, dass es niemanden gibt, der wie Gott ist. Es gibt also keinen, der ihm ebenbürtig ist, weder im Himmel noch auf der Erde.[14] Dieser Vers ist sozusagen eine Unterstreichung der Einzigartigkeit Gottes.

Die folgenden Verse 6-9 beinhalten wie schon erwähnt eine Aufzählung, die sowohl die Größe und Macht Gottes, als auch seine Zuwendung und Taten an den Menschen beschreibt. Diese Verse sind bildlich gestaltet, um dem Psalm mehr Ausdruck und Anschaulichkeit zu verleihen (z.B. Vers 7: „der den Geringen aufrichtet aus dem Staube und erhöht den Armen aus dem Schmutz").

Es bleibt bei dieser Analyse festzuhalten, dass in der Psalmenauslegung gewisse Anhaltspunkte und Merkmale bei jedem Psalm beachtet werden können, da sie gewissen Konventionen unterliegen. Dennoch gibt es kaum zwei Psalmen, die genau dieselbe Machtart aufweisen.[15] Psalm 113 ist demnach ein Unikat unter 150 Psalmentexten.

6. Gesellschaftlicher Kontext, Quellen und Datierung

Dieser Teil soll klarmachen, in welchem gesellschaftlichen Kontext und welchem Zeitrahmen Psalm 113 entstanden ist, wie der Psalm von den Rezipienten aufgenommen wurde und welchen Einfluss er auf sie hatte.

Zunächst muss dabei festgehalten werden, dass der Psalm zwei Hauptakteure beinhaltet, nämlich Gott und „die Knechte des Herrn" (Vers 1). Diese Knechte sind genauer die Bedürftigen, die Armen und speziell auch die unfruchtbare Frau, die in Vers 9 erwähnt

---

[13] Seybold: Die Psalmen, 58.
[14] Vgl. Prinsloo: Yahweh and the poor in Psalm 113, 476.
[15] Vgl. Seybold: Die Psalmen, 57f.

wird. Die Armen kommen in Vers 7 zum Tragen und es wird klar, dass es nicht irgendwelche Armen sind, sondern solche, die schon eine wundersame Rettung durch Gott erfahren durften.[16]

Der Psalm hat offensichtliche Quellen im Alten Testament bzw. wurde von Motiven und Texten des Alten Testaments beeinflusst. Gottes Neigung zu Armen und Bedürftigen zieht sich wie ein roter Faden durch das AT - vom Exodus über die Propheten bis hin zu den Psalmen. Der gesellschaftliche Kontext ist scheinbar dort beheimatet, wo Gottes Volk zwar unterdrückt ist, aber dennoch seine rettende Macht erfährt. Der Psalm scheint demnach in der nachexilischen Zeit entstanden zu sein und stellt eine Erinnerung an den Auszug aus Ägypten dar. [17]

Dafür spricht auch, dass der Psalm einen Teil des Pesach-Hallels darstellt. Dieser besteht aus den Psalmen 113-118 und kam bei bedeutenden Glaubensfesten wie dem Passahfest, dem Laubhüttenfest oder Chanukka zur Verwendung.[18] Das ägyptische Hallel, wie es auch genannt wird, war eine wichtige Teilsammlung von Psalmen im nachexilischen Tempelkult und in der jüdischen Tradition, ist es aber auch bis heute beim Pesach-Seder-Mahl.[19] Der vorliegende Psalm wird zusammen mit Psalm 114 beim Passahfest vor der Festmahlzeit gesungen, Psalm 115-118 danach.[20]

Psalm 113, der erste im Hallel, ist eine Art kollektiver Dank an Gott für seinen Beistand und seine Hilfe in Notsituationen. Zur Rezeption des Psalms ist daher zu sagen, dass er früher eher kollektiv aufgefasst wurde, was schon seine Stellung innerhalb des Buches der Psalmen beweist. Der nachfolgende Psalm 114 erinnert an die Befreiung Israels aus Ägypten und Psalm 113 ist seine Vorbereitung. Daher kann man von einem kollektiven Hymnus ausgehen. Die Armen und die kinderlose Frau dienen dabei als Sinnbilder für das Volk Israel, die „Knechte des Herrn".[21]

Heute hat sich das kollektive Verständnis eher gewandelt, vermutlich da allgemein weniger Kollektivbewusstsein herrscht und wir den Psalm nicht unmittelbar mit der Befreiung Israels in Verbindung bringen. Für Menschen in unserer Zeit kann der Psalm dennoch dienlich sein, indem sie ihre individuelle Leidsituation wieder erkennen und die Gnade und Barmherzigkeit Gottes entdecken können, die dieser durch seine Zuwendung ausdrückt. Der Psalm richtet sich ja immer noch an Arme, Recht- und

---

[16] Vgl. Prinsloo: Yahweh and the poor in Psalm 113, 478.
[17] Vgl. Prinsloo: Yahweh and the poor in Psalm 113, 479.
[18] Vgl. Prinsloo: Yahweh and the poor in Psalm 113, 480f.
[19] Vgl. Zenger: Einleitung in das AT, 363.
[20] Vgl. Brandenburg: Die Psalmen II, 171.
[21] Vgl. Prinsloo: Yahweh and the poor in Psalm 113, 480.

Kinderlose, sowie aber auch an alle Unterdrückten. Jeder, der in einer Notsituation gefangen ist, kann sich mit dem Psalm identifizieren und auf Gott vertrauen.

7. Betrachtung des Themas Kinderlosigkeit

„Offenbar geht es bei der Aktualisierung der Überlieferung in Liedern auch darum, dass Sprachlose eine Sprache finden."[22] Dieser Satz bewog mich dazu, dem Thema der Kinderlosigkeit bzw. Unfruchtbarkeit von Frauen (*Sprachlosen*), das im letzten Vers zum Tragen kommt, noch einmal genauer zu betrachten. Allein die Tatsache, dass er im letzten Vers erscheint, ist schon ein Indiz für seine Wichtigkeit und damalige Aktualität. „Kinderlosigkeit galt im Alten Testament als Schande"[23] und ein Leben ohne Kinder wurde als nicht lebenswert angesehen. Teilweise dachten die Menschen, dass Kinderlosigkeit eine Strafe Gottes sei, da er als einziger dafür sorgen konnte, dass eine Frau Kinder gebar. Sie erschienen gewissermaßen als Segen Gottes.[24]

Frauen ohne Kinder hatten keine Rechte in der Familie und waren für ihren Mann wertlos. Daher wurde es für sie auch zur Unterdrückungssituation, wenn sie keine Kinder bekommen konnten. Dieser Ansatz wird für Psalm 113 wichtig, weil hier die Kinderlosigkeit mit anderen Unterdrückungssituationen wie Armut, Rechtlosigkeit und sozialer Schwäche gleichgesetzt wird. Der Text besitzt also eine Offenheit für die von Frauen erlittene Not der Kinderlosigkeit, diese ist aber im Fall von Psalm 113 nur *ein* Aspekt, der hervorscheint.[25]

8. Fazit

Die Aufforderung „Lobet, ihr Knechte des Herrn!" bildet die zentrale Botschaft von Psalm 113 und die Begründungen für dieses Lob werden gleich mitgeliefert. Niemand und nichts ist wie Gott, denn seine Größe und Macht übersteigen alles Menschliche, Zeitliche und Räumliche, ja sogar den Himmel (Vers 2-4).

Doch obwohl Gott so erhaben ist, sieht er dennoch die Situation des Einzelnen und kümmert sich darum. Er beugt sich zu den Menschen herab und macht sich für uns klein, obwohl er so groß ist (Vers 6). Diese beide Wesenmerkmale Gottes, *groß* und

---

[22] Butting: Die Töchter Judas frohlocken, 37.
[23] Brandenburg: Die Psalmen II, 172.
[24] Häusl: Bittgebet einer kinderlosen Frau?, 205ff.
[25] Häusl: Bittgebet einer kinderlosen Frau?, 209f.

klein, stehen nebeneinander und können nicht allein existieren, weil Gott für uns immer beides ist. Diesen besonderen und einzigartigen Gott gilt es daher zu loben, weil nur er allein Dinge verändern und das Unmögliche möglich machen kann, was vor allem seine Tat an der kinderlosen Frau beweist. Der Psalm ist meiner Ansicht nach ein wunderbarer Anhaltspunkt für alle Menschen, die Not leiden oder sich unterdrückt und benachteiligt fühlen. Das Lob Gottes kann für sie ein Strohhalm sein, an den sie sich klammern können.

Es bleibt also festzuhalten, dass Psalm 113 viele Menschen trösten und stärken kann und er auch heute noch Aktualität besitzt. Es ist also nach wie vor sinnvoll, sich mit dem Buch der Psalmen zu beschäftigen, weil es sehr vielfältig ist und alle möglichen Arten von Psalmen beinhaltet, die für verschiedene Menschen relevant sein können.

9.   Literaturverzeichnis

Brandenburg, Hans: Die Psalmen II. Psalm 73-150: Das Gebetbuch des Volkes Gottes, Gießen [2]1982.

Butting, Klara: „Die Töchter Judas frohlocken" (Ps 48,12). Frauen beten die Psalmen, BiKi 56 (2001), 35-39.

Häusl, Maria: Ps 17 – Bittgebet einer kinderlosen Frau?, in: Irsigler, Hubert (Hg.): Wer darf hinaufsteigen zum Berg JHWHs? Beiträge zur Prophetie und Poesie des AT, Festschrift Sigurdur Örn Stingrimsson, St. Ottilien 2002, 205-222.

Kraus, Hans-Joachim: Psalmen 60-150, BK 15, Neukirchen-Vluyn [5]1978.

Prinsloo, G.T.M.: Yahweh and the poor in Psalm 113: Literary motif and / or theological reality?, Old Testament Essays 9 (1996), 465-485.

Seybold, Klaus: Die Psalmen. Eine Einführung, Stuttgart u.a. 1986.

Zenger, Erich: Einleitung in das Alte Testament, Stuttgart [5]2004.